AF382876

DIE BCG-MATRIX

Ein strategisches Analysetool

Verfasst von Thomas del Marmol
In Zusammenarbeit mit Carmela Milano
Übersetzt von Mareike Lobeck

Business 50MINUTEN.de

DIE BCG-MATRIX

SCHLÜSSELINFORMATIONEN

- **Bezeichnungen:** BCG-Matrix, Boston-I-Portfolio, BCG-Portfolio, Marktanteils- und Marktwachstums-Analyse Namensgeber und Begründer der BCG-Matrix ist die *Boston Consulting Group*, eine international agierende strategische Unternehmensberatung.
- **Anwendungsbereich:** Die BCG-Matrix wird hauptsächlich verwendet, um festzustellen, welche relative Bedeutung ein bestimmtes Produktportfolio hat. Sie lässt Manager erkennen, in welche Geschäftseinheiten investiert, welche beibehalten und welche aufgegeben werden sollten.
- **Warum ist es so gut?** Unter den richtigen Voraussetzungen können sich Manager mithilfe der Matrix ein genaueres Bild ihrer Geschäftseinheiten machen und bessere Entscheidungen bezüglich Know-how- und Ressourcen-Einsatz treffen.

- **Schlüsselwörter:**
  - <u>SGE</u>: Teilbereich eines Unternehmens mit eigenen Zielvorgaben, der unabhängig von anderen Teilbereichen agiert und dem Ressourcen zugewiesen oder entzogen werden können
  - <u>Strategietool</u>: Hilfsmittel bei der Erstellung einer Strategie
  - <u>relativer Marktanteil</u>: in Prozent ausgedrücktes Verhältnis zwischen dem Marktanteil der SGE und dem Marktanteil des stärksten Konkurrenten
  - <u>Marktwachstum</u>: absolute oder relative Zunahme des Marktvolumens
  - <u>Stars</u>: Geschäftsbereiche, die einen hohen relativen Marktanteil auf einem wachsenden Markt besitzen
  - <u>Cash Cows</u>: Geschäftseinheiten, die in einem degenerierenden Bereich einen recht großen Marktanteil besitzen
  - <u>Poor Dogs</u>: Geschäftseinheiten, die sich in einem Markt mit geringem Wachstum befinden und einen kleinen Marktanteil besitzen
  - <u>Fragezeichen</u>: Geschäftseinheiten, die auf einem stark wachsenden Markt einen relativ geringen Marktanteil besitzen
  - <u>Marktführer (*leader*)</u>: Unternehmen, das

auf einem bestimmten Markt den größten Marktanteil besitzt

- *Follower*: Unternehmen mit kleinem Marktanteil, das sich an seine Konkurrenz anpassen muss, um Überlebenschancen auf dem Markt zu haben
- Cashflow: Kennzahl des Überschusses der Einzahlungen gegenüber den Auszahlungen eines Unternehmens, durch die Aussagen zur Innenfinanzierung gemacht werden können
- Innenfinanzierung: Maßnahmen zur Kapitalbeschaffung innerhalb eines Unternehmens
- Größendegression: Senkung der Stückkosten durch die volle Auslastung größerer Kapazitätseinheiten im Vergleich zum Einsatz mehrerer kleiner Einheiten bei gleicher Gesamtkapazität
- Produktlebenszyklus: Entwicklung eines Produkts auf dem Markt in mehreren Phasen
- Marktattraktivitäts-Wettbewerbsstärken-Portfolio: auch McKinsey-Matrix, setzt die Marktattraktivität (Schlüsselfaktoren des Umfelds) und die Wettbewerbsvorteile des Unternehmens hinsichtlich einer SGE (Wettbewerbsposition der SGE auf dem Markt) zueinander ins Verhältnis

- ○ <u>Parenting-Matrix</u>: Ansatz im Portfolio-Management, der auf den Fähigkeiten der Geschäftsführung basiert, SGE zu bewerten und entsprechend zu handeln

EINLEITUNG

Dass Manager über ein breitgefächertes Produktportfolio verfügen sowie die gesamten Geschäftseinheiten hervorragend managen müssen, versteht sich heutzutage von selbst. Diejenigen, die die Entwicklung ihres Produktportfolios nicht überwachen – und sei es auch nur für einen kurzen Moment –, werden schnell die Folgen ihrer Unachtsamkeit zu tragen haben. Das Management der Geschäftseinheiten ist jedoch keine leichte Aufgabe: Es gab schon viele Unternehmen, die sich für unantastbar hielten, aber zu Fall kamen, weil sie die Marktsituation oder ihre Stärken falsch eingeschätzt hatten.

Um Managern bei dieser Aufgabe unter die Arme zu greifen, wurden Matrizen zur Portfolio-Analyse entwickelt, die die Bedeutung der verschiedenen SGE (strategische Geschäftseinheiten) deutlich darstellen.

Hintergrund

Die 1963 von Bruce D. Henderson (1915-1992) gegründete *Boston Consulting Group* wächst schnell und wird so, mit Büros in knapp 80 Ländern, eine der einflussreichsten Unternehmensberatungen der Welt. Die *BCG* arbeitet mit Unternehmen aus sehr unterschiedlichen Sektoren zusammen, wie z. B. Energie, Gesundheit, Automobil und Telekommunikation. Einer ihrer wichtigsten Beiträge ist die Entwicklung der BCG-Matrix. Anhand der in den 1960er Jahren entwickelten Matrix lässt sich der relative Marktanteil einer

Geschäftseinheit bestimmen und das zugehörige Marktwachstum bewerten. Konkret bedeutet dies, dass Manager die Geschäftseinheiten auswählen können, die einen Überschuss erwirtschaften bzw. über ein hohes Potenzial verfügen, und jene, die sich in der Degenerationsphase befinden bzw. sehr wahrscheinlich bald befinden werden.

Die BCG-Matrix wurde zu einer Zeit entwickelt, in der die Erforschung der Marktmechanismen eine wichtige Rolle spielte und sich in der Finanzwelt zahlreiche Untersuchungen mit Entscheidungsprozessen beschäftigten. Diese Situation begünstigte natürlich die Entwicklung und Anwendung einer Matrix, die Managern die Entscheidungsfindung bezüglich Ressourcenverteilung erleichtert. Sie wurde dementsprechend begeistert aufgenommen und schnell im Management übernommen.

Definition

Mit der BCG-Matrix werden die verschiedenen SGE gemäß ihrem erwarteten Wachstum und relativen Marktanteil eingeteilt. Sie basiert auf zwei Achsen, anhand derer die SGE in vier

Kategorien eingeteilt werden können: Stars, Cash Cows (Milchkühe), Poor Dogs (arme Hunde) und Fragezeichen. Das Modell ermöglicht es Managern, die besten Entscheidungen bezüglich der Ressourcenverteilung auf die verschiedenen SGE zu treffen. Außerdem können sich Manager einen besseren Gesamtüberblick über ihr Unternehmen verschaffen und festlegen, welche strategischen Geschäftseinheiten gefördert und welche aufgegeben werden sollen.

DIE BCG-MATRIX IN DER THEORIE

KONTEXT

Die BCG-Matrix ist bis heute eines der am häufigsten verwendeten Werkzeuge im Portfolio-Management. Sie gehört zu einer größeren Anzahl Matrizen zur Ressourcenverteilung, ebenso wie die McKinsey-Matrix und die Parenting-Matrix. Hauptziel dieser Modelle ist es, Managern die Entscheidungsfindung zu erleichtern, vor allem in Bezug auf die Verteilung knapper (finanzieller, materieller oder intellektueller) Ressourcen auf die verschiedenen SGE. Mit anderen Worten sollen sie übersichtlich zeigen, wie Ressourcen je nach entsprechenden Vorzügen der SGE (Profit, Entwicklungspotenzial etc.) intern verteilt werden sollten bzw. welches Synergiepotenzial zwischen den SGE besteht. Alle Matrizen setzen sich aus zwei Achsen zusammen, wobei die y-Achse für die Markteigenschaften und die x-Achse für die Unternehmensstärke steht.

Mit der BCG-Matrix können die verschiedenen strategischen Geschäftseinheiten eines Unternehmens in einer Tabelle mit zwei Achsen angeordnet werden:

- Die Vertikalachse (y-Achse) steht dabei für das Marktwachstum, das heißt für das Entwicklungspotenzial des Marktes in den kommenden Jahren. In der Regel wird angenommen, dass die Verkaufsmenge auf einem wachsenden Markt um etwa 5 % steigt.
- Die Horizontalachse (x-Achse) stellt den relativen Marktanteil der SGE dar. In der Regel wird der relative Marktanteil als Verhältnis berechnet: relativer Anteil der SGE durch Marktanteil des stärksten Konkurrenten.
  - Beispiel: Beträgt der Marktanteil eines Unternehmens 15 % und der des stärksten Konkurrenten 10 %, so beträgt der relative Marktanteil 1,5, da 15 % geteilt durch 10 % 1,5 ergibt.

Der relative Marktanteil gilt als hoch, wenn er einen Wert größer 1,25 annimmt.

Die BCG-Matrix

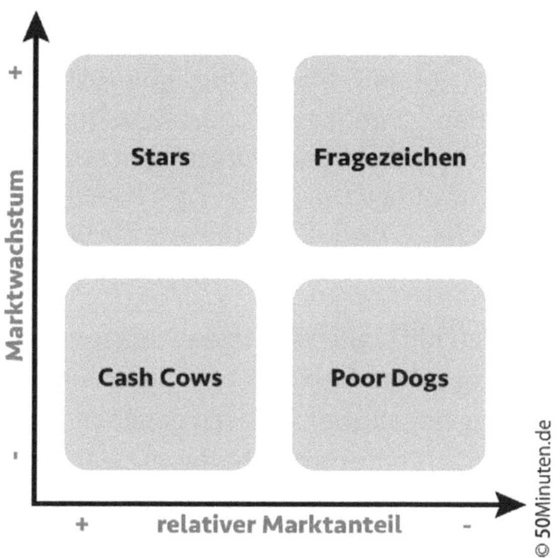

GUT ZU WISSEN: *LEADER* ODER *FOLLOWER*?

Leader (Marktführer) zu sein bedeutet für ein Unternehmen, auf einem definierten Markt eine dominante Marktposition für ein Produkt zu halten und von der Konkurrenz als *Top of Mind* angesehen zu werden – das heißt das erste Unternehmen zu sein, das einem potenziellen Kunden einfällt. Ein *follower* hält hingegen nur einen kleinen Marktanteil und muss sich dementsprechend der Konkurrenz anpassen, um auf dem Markt Überlebenschancen zu haben. (vgl. Lambin, Jean-Jacques; de Moerloose, Chantal: *Marketing stratégique et opérationnel. Du marketing à l'orientation de marché.* 7. Aufl. Dunod: Paris 2008.)

Das Modell hilft, alle wichtigen Punkte zu verstehen, bevor einer bestimmten Geschäftseinheit der Vorzug gegenüber anderen gegeben wird. Die grafische Darstellung macht dabei zwar deutlich, dass ein wachsender Markt in Kombination mit einem großen Marktanteil für Manager sehr attraktiv ist. Allerdings ist es nicht immer leicht, über die Vorgehensweise bei Geschäftseinheiten zu entscheiden, die einen starken Marktanteil auf stagnierenden oder sogar degenerierenden Märkten besitzen. Auch SGE, die einen geringen Marktanteil auf Märkten mit exponentiellem Wachstum besitzen, werfen zahlreiche Fragen auf. Mithilfe dieser Informationen kann eine Tabelle erstellt werden: Sie ist in vier Quadranten unterteilt und ermöglicht so, die vier verschiedenen SGE-Typen sowie deren Cashflow zu unterscheiden. Letzterer wird aus der Bilanz des laufenden Geschäftsjahrs berechnet (Summe der Abschreibungen und Rücklagen + Nettoergebnis nach Steuern und vor eventueller Gewinnverteilung) und stellt die finanzielle Unabhängigkeit eines Unternehmens dar.

Die vier SGE-Typen

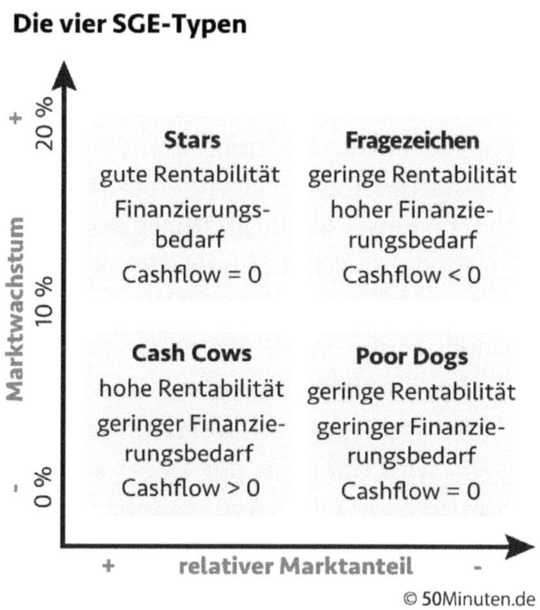

- **Stars** stehen für Geschäftsbereiche, die einen hohen relativen Marktanteil auf einem wachsenden Markt besitzen. Die Geschäftseinheiten in diesem Quadranten sind meist Marktführer (*leader*) und benötigen regelmäßig große Investitionen, um weiter zu wachsen und dem Druck der Konkurrenz standzuhalten. Die Ergebnisse übersteigen also die Erwartungen und bedeuten für Manager einen beachtlichen Profit.

- **Poor Dogs** (auch lahme Hunde) befinden sich im Quadranten unten rechts. Sie repräsentieren die SGE, die sich auf einem Markt mit geringem Wachstum befinden und einen kleinen Marktanteil besitzen. Es handelt sich häufig um Geschäftseinheiten, die im Rückgang begriffen sind und deren Märkte von der Konkurrenz dominiert werden (Wettbewerbsvorteil). Eventuell muss stark in diese „alternden" Geschäftseinheiten investiert werden, ohne dass dies zu (nennenswerten) Ergebnissen führt. Es wird daher in der Regel empfohlen, sich von diesem SGE-Typ zu trennen, da sie dem Unternehmen ansonsten schaden könnten.
- **Cash Cows** (Milchkühe) stehen für Geschäftseinheiten, die in einem degenerierenden Bereich recht große Marktanteile besitzen. Dabei handelt es sich häufig um Geschäftseinheiten, die auf einem reifen Markt

ihre Dominanz gegenüber der Konkurrenz gut etabliert haben und somit nur geringe Investitionen benötigen. Die Marktsituation ist zudem für neue Marktzugänger nicht sehr attraktiv und veranlasst die bestehenden Konkurrenten eher weniger dazu, sich gegenseitig zu verdrängen. Der Erfahrungskurveneffekt ermöglicht dem Unternehmen, (vor allem dank Ressourcen, Schlüsselkompetenzen und Größendegression) einen höheren Profit als die Konkurrenz zu erwirtschaften. Ziel dieser Geschäftseinheiten ist nicht unbedingt die Weiterentwicklung, sondern vielmehr die Erwirtschaftung finanzieller Mittel. Häufig sind sie für große Geldeingänge verantwortlich und ermöglichen somit Investitionen in Stars und Fragezeichen.

GUT ZU WISSEN:
ERFAHRUNGSKURVENEFFEKT

Der Erfahrungskurveneffekt entsteht, wenn mehr produziert wird (Größendegression), wenn ein Prozess systematisiert wird (Standardisierung) oder wenn sich Expertise immer stärker auswirkt (Lernkurveneffekt).

Dadurch sinken die Stückkosten bei der Produktion. (vgl. Lendrevie, Jacques; Lévy, Julien: *Mercator 2013. Théorie et nouvelles pratiques du marketing.* 10. Aufl. Dunod: Paris 2013.)

- **Fragezeichen** umfassen alle Geschäftseinheiten, die auf einem stark wachsenden Markt einen relativ geringen Marktanteil besitzen. Wie ihr Name schon vermuten lässt, bereiten diese Geschäftseinheiten Managern Kopfzerbrechen. Trotzdem besitzen diese SGE großes Potenzial, zukünftig Gewinne zu generieren – unter der Voraussetzung, dass beizeiten sehr stark in sie investiert wird. So kann ein Unternehmen auf einem stark wachsenden Markt den Vorsprung des Marktführers durchaus aufholen, indem es sich mithilfe von Investitionen dessen Marktanteile Stück für Stück einverleibt. Die Schwierigkeit liegt dabei darin, eine SGE auszuwählen, deren Potenzial so groß ist, dass das Unternehmen damit zukünftig zum Marktführer werden kann und die SGE so zu einem Star wird. Werden die erhofften Investitionen nicht oder nicht in ausreichendem Maße getätigt, besteht die Gefahr, dass die Geschäftseinheit zu einem Poor Dog wird, sobald der Markt in die Reifephase eintritt. Fragezeichen muss also besondere Aufmerksamkeit geschenkt werden. Die Erfahrung zeigt, dass es empfehlenswert ist, mehrere Fragezeichen zu besitzen, da nicht alle von ihnen zu einem Star werden. Allerdings sollten sie mit Vorsicht ausgewählt werden.

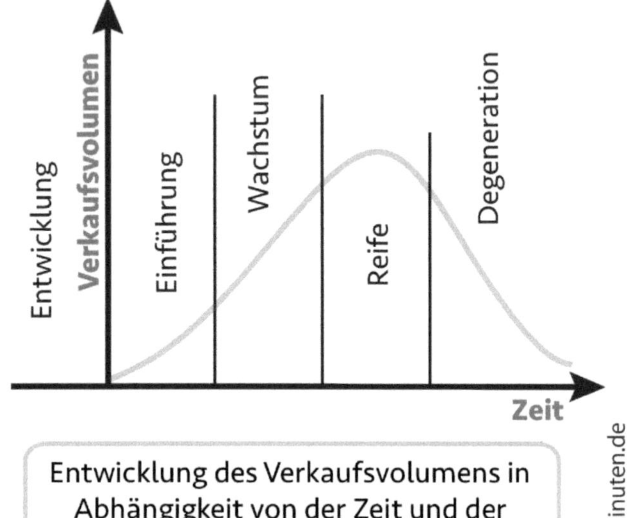

Entwicklung des Verkaufsvolumens in Abhängigkeit von der Zeit und der Reifephase des Marktes

VORTEILE DER ANWENDUNG EINER BCG-MATRIX

Die BCG-Matrix ermöglicht einen klaren, langfristigen Überblick über die verschiedenen SGE. Geschäftstätigkeiten können mittels der Matrix positioniert werden, ihr Platz innerhalb der Matrix beobachtet und die Ressourcenverteilung bestmöglich gemanagt werden. So haben Manager die besten Voraussetzungen, über die Zukunft der Geschäftseinheiten des Unternehmens zu entscheiden: Sie erkennen, von welchen sich das Unternehmen trennen und in welche investiert werden sollte.

Ebenso vermittelt die Matrix, welche Bedürfnisse mit der Entwicklung bestimmter Geschäftseinheiten zusammenhängen. Manager sind so gezwungen, sich Gedanken zum Markt zu machen und eine interne Analyse der SGE anzufertigen, um deren Entwicklungspotenzial zu erkennen. Im nächsten Schritt kann die Geschäftsführung abschätzen, welche Investitionen notwendig werden.

Die BCG-Matrix erinnert zudem daran, dass die Gewinne mancher SGE in Geschäftseinheiten mit hohem Entwicklungspotenzial fließen müssen. Mitarbeitern und Geschäftsführung wird so bewusst, wie wichtig sparsames Verhalten ist – selbst wenn eine Geschäftseinheit hohen Profit generiert.

DIE BCG-MATRIX: SCHWÄCHEN UND ERGÄNZUNGEN

GRUNDANNAHMEN

Die Verwendung des Modells basiert auf zwei Grundannahmen:

- **Innenfinanzierung:** Die BCG-Matrix vernachlässigt die Möglichkeit der externen Finanzierung. Sie stützt sich stattdessen hauptsächlich auf das bereits erwähnte Modell des Produktlebenszyklus, um zu zeigen, dass SGE auf Märkten mit verschiedenen Reifephasen benötigt werden, um so die Geschäftseinheiten mit dem größten Potenzial finanzieren zu können. Finanzierungsmöglichkeiten durch Kreditaufnahmen oder Aktionäre werden nicht betrachtet.
- **Erfahrungskurveneffekt**: Die Matrix gilt nur dann, wenn es einen Erfahrungskurveneffekt gibt, der den Marktführer bevorzugt. Besteht

dieser Effekt jedoch nur sehr begrenzt, so ist die Rentabilität des führenden Unternehmens nicht unbedingt höher als die der *follower* – wodurch das Modell seine Gültigkeit verliert.

Es ist wichtig, bei der Untersuchung des Marktes vor der Anwendung der BCG-Matrix diese Grundannahmen im Hinterkopf zu behalten. Eine nachlässige Marktanalyse könnte das Modell unwirksam machen und Manager entsprechend ungünstige Entscheidungen treffen lassen.

SCHWÄCHEN UND KRITIK

Auch wenn die BCG-Matrix als sinnvolle Methode gilt und Manager bei der Analyse der verschiedenen Geschäftseinheiten unterstützt, hat sie dennoch Schwächen, die man kennen sollte. Die betrachteten Grundannahmen sind einschränkend, lassen sich in der Praxis jedoch leicht überprüfen. Zudem müssen einige Punkte näher erläutert werden.

Unpräzise Begriffe

Einige der Bestandteile sind schwer zu definieren und zu quantifizieren. Je nach Markteigenschaften erscheint der relative Marktanteil höher oder niedriger. Zudem hängt die Marktdefinition vom Manager ab, was die Berechnung erschwert. Die Ergebnisse können also je nach Marktdefinition stark voneinander abweichen.

Beispiel: Sollte ein Unternehmen, das Kugelschreiber verkauft, Anbieter von Bleistiften und Anbieter von Textverarbeitungsprogrammen als Konkurrenten betrachten?

Manager tendieren häufig zu der Lösung, die ihnen am besten passt, und riskieren dabei, sich eine Cash Cow oder einen Poor Dog einzuhandeln. Das Ergebnis der BCG-Matrix basiert also im Allgemeinen auf subjektiven Kriterien der Manager, weswegen Kritiker die Matrix als durch den Anwender verfälscht bezeichnen.

Zudem variiert auch die Einteilung der Quadranten je nach verwendetem Referenzwerk. Die Grenze zwischen Fragezeichen und Poor Dog ist in einigen Fällen fließend.

Starke Vereinfachung einer komplexen Welt

Das Modell gibt zwar einen guten Überblick über die Positionierung jeder SGE, es besteht jedoch keine Garantie, dass eine Geschäftseinheit nach der Einordnung automatisch den vorgesehenen Weg einschlägt. Nicht jeder Poor Dog nimmt das tragische Ende, das im vorigen Kapitel beschrieben wurde, und nicht jede Cash Cow stellt eine kontinuierliche Einnahmequelle dar. So kann ein Poor Dog durchaus erfolgreich eine Abgrenzungsstrategie vom Marktführer verfolgen und so für eine gewisse Zeit auch Profit erwirtschaften. Genauso mögen es Manager einer Cash Cow demotivierend finden, systematisch alle Gewinne in eine ihnen völlig unbekannte Geschäftseinheit zu stecken. In diesem Fall wird das Verhalten der Mitarbeiter nicht berücksichtigt, was zu fehlerhaften Vorhersagen der BCG-Matrix führen kann. Schließlich kann Managern bei gewissen Synergien auch bewusst werden, dass eine Geschäftseinheit weitergeführt werden sollte, selbst wenn sie sich im Bereich der Poor Dogs befindet, da sie zum Profit der anderen Geschäftseinheiten beträgt.

Abschließende Empfehlung oder Orientierungshilfe?

Das Ergebnis der BCG-Matrix sollte demnach als Orientierungshilfe angesehen werden und nicht als eindeutige Empfehlung. Es ist nicht ratsam, die gesamte Unternehmenspolitik nach den Ergebnissen einer hastig erstellten BCG-Matrix auszurichten. Die Wirtschaftswelt ist komplex und Prognosen stellen sich häufig als nicht vollkommen fehlerfrei heraus. Schlüsse, die aus einer BCG-Matrix gezogen werden, sollten also analysiert und mit Vorsicht verwendet werden, um so falsche Einschätzungen zu vermeiden, die den unabwendbaren Rückgang der SGE bedeuten würden. Stark vereinfacht ausgedrückt muss also die Aufgabe einer SGE, die in den Bereich der Poor Dogs eingeordnet wurde, nicht unbedingt die rentabelste Lösung (für andere SGE) sein. So kann es durchaus sein, dass sie in ihrem momentanen Zustand anderen SGE nützt, indem sie diese mit notwendigen Kompetenzen ausstattet, um sich weiterhin positiv entwickeln können.

ERGÄNZUNGEN UND VERWANDTE MODELLE

Einige Modelle vervollständigen die BCG-Matrix. Dazu gehören:

- Marktattraktivitäts-Wettbewerbsstärken-Portfolio von McKinsey
- Parenting-Matrix

Diese Matrizen beziehen – im Gegensatz zur BCG-Matrix – Aspekte bezüglich der Marktattraktivität mit ein und ermöglichen Managern so, ihr Portfolio bestmöglich zusammenzustellen.

Marktattraktivitäts-Wettbewerbsstärken-Portfolio von McKinsey

Diese Matrix wurde von der strategischen Unternehmensberatung *McKinsey & Company* entwickelt. Das Hauptziel der 1920 von James Oscar McKinsey (1889-1937) gegründeten Unternehmensberatung liegt darin, Unternehmen zu beraten und ihnen dabei zu helfen, in einem dynamischen Wirtschaftsumfeld zu florieren. *McKinsey & Company* ist auf der ganzen Welt vertreten und genießt einen exzellenten Ruf, der auf starken Werten bezüglich strategischer Beratung basiert.

Die in den 1970er Jahren entwickelte Matrix setzt die Marktattraktivität (Schlüsselfaktoren des Umfelds) und die Wettbewerbsvorteile des Unternehmens hinsichtlich einer SGE (Wettbewerbsposition der SGE auf dem Markt) zueinander ins Verhältnis.

Es werden hier also etwas andere Aspekte betrachtet, da man sich mehr auf den Wettbewerbsvorteil der SGE konzentriert als auf deren Marktanteil. Dadurch können die Vorteile berücksichtigt werden, die sich aus einem guten Markenimage, einer fortschrittlichen technologischen Ressource etc. ergeben. Die Verwendung der Marktattraktivität anstelle des Marktwachstums ermöglicht zudem, Faktoren wie eine günstige Rechtslage etc. miteinzubeziehen. Die McKinsey-Matrix ist also als Diagnose-Tool ausgefeilter als die BCG-Matrix, da sie einige Faktoren berücksichtigt, die zuvor vernachlässigt wurden.

Schließlich stellt diese Matrix neutrale Szenarien dar, was Managern die Möglichkeit gibt, ihre Entscheidungen je nach Vorlieben oder Umständen zu fällen, die ihrer Meinung nach für Investitionen günstig sind.

McKinsey-Matrix

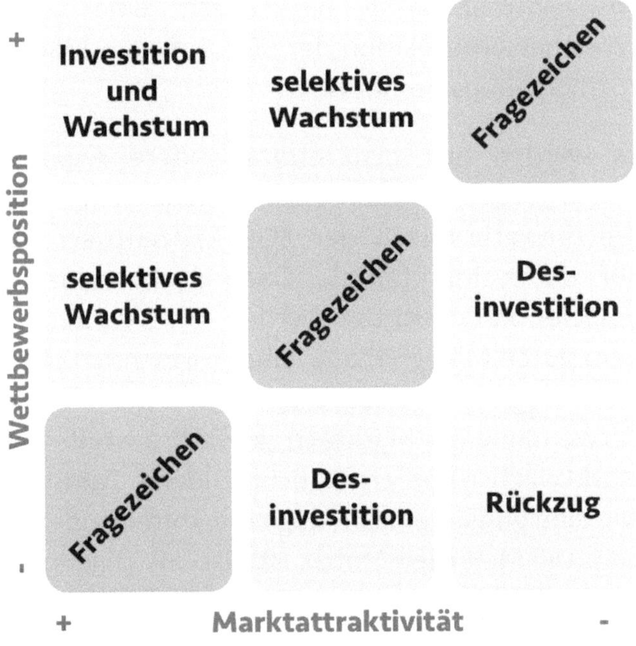

Parenting-Matrix

Die von Michael Goold und Andrew Campbell entwickelte Parenting-Matrix schlägt einen neuen Ansatz für das Portfolio-Management vor: Sie baut auf die Fähigkeit der Geschäftsführung, die SGE zu bewerten und entsprechend zu handeln. Kann die Geschäftsführung die Entwicklungsbedürfnisse der SGE nicht richtig einschätzen, besteht die Gefahr, dass Investitionen ungünstig verteilt werden. Genauso sind Investitionen vergeblich, wenn die Geschäftsführung nicht über die Kompetenzen verfügt, die Leistung von SGE zu steigern. Aus dieser Annahme entstehen vier Bereiche von Geschäftskategorien:

- **Heartland** (Kernland-Einheiten): Die Geschäftsführung versteht die SGE und kann entsprechend handeln.
- **Value trap** (Wertfallen-Einheiten): Die Geschäftsführung erkennt das Potenzial der SGE, verfügt aber nicht über die notwendigen Kompetenzen, um die SGE zu verbessern.
- **Ballast** (Ballast-Einheiten): Die Geschäftsführung kann zwar die Leistung steigern, versteht aber nicht die Zusammenhänge.

- **Alien territory** (unbekanntes Terrain): Diese SGE sind der Geschäftsführung fremd. Weder versteht sie die SGE, noch verfügt sie über Kompetenzen, um sie weiterzuentwickeln.

Parenting-Matrix

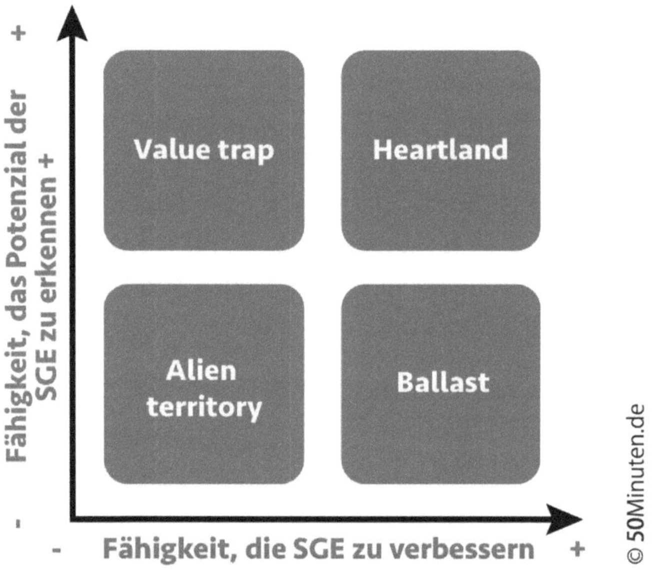

Mit diesem Ansatz können Geschäftsleitung und die SGE, deren Leistung gesteigert werden soll(en), gleichermaßen betrachtet werden.

Dieses Verhältnis wurde von den anderen Modellen, die sich hauptsächlich auf den Markt und die Geschäftseinheit konzentrierten, nicht berücksichtig.

Abschließend sei bemerkt, dass sich die Verknüpfung der verschiedenen Ansätze für Unternehmer nur positiv auswirken kann. Sowohl Wettbewerbsvorteilen, Marktattraktivität als auch das Zusammenspiel zwischen SGE und Geschäftsführung miteinzubeziehen, verbessert die Analysefähigkeiten der Manager in Bezug auf die Ressourcenverteilung an die verschiedenen SGE.

DIE BGC-MATRIX IN DER PRAXIS

TIPPS UND BEST PRACTICES

Wichtigkeit der Marktdefinition

Wie in den vorherigen Kapiteln bereits erwähnt, ist es nicht immer einfach, einen Markt zu beschreiben. Da diese Aufgabe für Manager zudem in mehrfacher Hinsicht problematisch sein kann, sollte vermieden werden:

- den Markt zu eng zu fassen und dabei zu riskieren, eine große Anzahl an potenziellen Konkurrenten nicht miteinzubeziehen.
- den Markt zu weit zu fassen. Dies könnte zu sehr umfangreichen, kostspieligen und langwierigen Untersuchungen führen.

Den „richtigen Markt" zu definieren ist essentiell: Die gesamte Analyse der BCG-Matrix hängt davon ab. Anwendern wird daher empfohlen, sich vor der Erstellung einer BCG-Matrix Zeit für die Marktanalyse zu nehmen. Dabei sollten sie auch

Unterstützung durch Marktexperten in Betracht ziehen, die beraten, wie der Markt in Bezug auf verfügbare Ressourcen und Zeit bestmöglich eingegrenzt werden kann.

Einordnung der SGE in die BCG-Matrix

Es ist für Unternehmer unerlässlich, dass die SGE in die verschiedenen Quadranten der BCG-Matrix eingeordnet werden. Manager sollten dabei darauf achten, dass sie Geschäftseinheiten in mehr als nur einem Quadranten besitzen. So kann es zwar kurzfristig profitabel sein, ausschließlich Cash Cows zu halten – doch wie sieht in dem Fall die zukünftige Entwicklung aus? Außerdem besteht die Gefahr, dass bei Verbrauchern ein alterndes Image des Unternehmens entsteht. Genauso besteht für Manager, deren Portfolio nur aus Fragzeichen besteht, schnell die Gefahr, in Finanzierungsschwierigkeiten zu geraten und das Geschäft aufgeben zu müssen. Es wird also eine Verteilung der SGE über die gesamte Matrix empfohlen, um so ein Gleichgewicht zwischen alternden, aber lukrativen Geschäftseinheiten und jungen Einheiten – mit starkem Potenzial, die mehrmalige, große Investitionen benötigen – herzustellen.

Entwicklungsprognose für die SGE

Die Einordnung der strategischen Geschäftseinheiten in die BCG-Matrix ist keine leichte Aufgabe. Zahlreiche Schwierigkeiten können die Positionierung verfälschen und einen beschleunigten Niedergang der SGE zur Folge haben. Hinzu kommt, dass sich vorausschauende Manager, die alle Elemente und Merkmale des Marktes miteinbezogen haben, nicht einen Moment der Pause erlauben dürfen, sobald sie die SGE korrekt identifiziert und in die Matrix eingeordnet haben. Die Einordnung der SGE in der BCG-Matrix gilt nicht dauerhaft. Für jede der betrachteten Geschäftseinheiten bieten sich mehrere Entwicklungsmöglichkeiten. Jede SGE sollte genau untersucht werden, um den Erfolg des Unternehmens so effizient wie möglich zu unterstützen. Es ist deshalb wichtig, eine BCG-Matrix anzufertigen, auf der die möglichen Szenarien für jede der SGE verzeichnet sind. Diese können verschiedene Wege nehmen, wie die folgende Abbildung zeigt:

Mögliche Entwicklungsszenarien für die SGE

- **Weg des Innovators:** Die SGE erreicht sofort den Quadranten der Stars oben links. Ein Unternehmen, das seinen (vor allem dank der Cash Cows) erwirtschafteten Profit in Forschung und Entwicklung reinvestiert, kann darauf hoffen, den Weg des

Innovators zu gehen. Durch das reinvestierte Geld entstehen neue Kompetenzen und Ressourcen, die zur Entwicklung einer neuen SGE mit Wettbewerbsvorteil gegenüber der Konkurrenz führen. Sobald der Markt die Reifephase erreicht hat, werden diese Geschäftseinheiten zu Cash Cows, die dann wiederum Investitionen in die F&E (Forschung und Entwicklung) ermöglichen.

- **Weg des Followers:** Die erwirtschafteten Gewinne können gleichermaßen in Fragezeichen investiert werden, die ein großes Wachstumspotenzial besitzen. Durch diese Investition haben sie die Möglichkeit, sich zu entwickeln und eventuell eine marktführende Position einzunehmen.

- **Weg des Desasters:** Nicht alle Szenarien sind jedoch so optimistisch wie die beiden vorhergehenden. Erhält eine Geschäftseinheit im Stars-Quadranten nicht die benötigten Investitionen, kann sie sich schnell im Bereich der Fragezeichen wiederfinden. Der gleiche Fall tritt ein, wenn das Unternehmen die Erwartungen der Konsumenten sowie die kritischen Erfolgsfaktoren nicht richtig analysiert hat.

- **Weg der Mittelmäßigkeit:** Diesen Weg schlagen Geschäftseinheiten ein, die sich im Quadranten der Fragezeichen nicht zu Stars entwickeln. Diese Geschäftseinheiten stagnieren zwischen den Bereichen der Poor Dogs und der Fragezeichen und sind in puncto Investitionsbedarf quasi ein Fass ohne Boden, während die erwirtschafteten Ergebnisse sehr zu wünschen übrig lassen.

Anwender der BCG-Matrix sollten sich aller möglichen Szenarien bewusst sein und vermeiden, sich lediglich auf die positiven Wege konzentrieren, die die SGE nehmen können. Erfolg entsteht vielmehr durch die Vorbereitung pessimistischer Szenarien, wie sie für jedes Unternehmen eintreffen könnten.

Zu einer Kombination der Portfolio-Management-Matrizen

Trotz der eindeutigen Vorteile, die die BCG-Matrix bietet, hat ihre Anwendung doch auch ihre Schwächen. So basiert das Modell beispielsweise auf einer sehr starken Vereinfachung und berücksichtigt längst nicht alle Markteigenschaften.

Seit der Entwicklung der BCG-Matrix sind noch weitere, bei Managern beliebte Portfolio-Management-Modelle entstanden. Dazu gehören das Marktattraktivitäts-Wettbewerbsstärken-Portfolio von McKinsey und die Parenting-Matrix, die Managern einen genaueren Einblick in den Markt und ihre Geschäftstätigkeiten sowie einen zusätzlichen Überblick über die besten Möglichkeiten der Ressourcenverteilung geben.

FALLSTUDIE

Im Folgenden wird eine in den 1970er Jahren gegründete Unternehmensgruppe von Weltruf betrachtet. Ihre Geschäftstätigkeiten sind über zahlreiche Bereiche in verschiedenen Branchen verteilt. Teil der Gruppe sind unter anderem Luftfahrtgesellschaften, eine Eisenbahngesellschaft, ein Verlag und sogar eine Gesellschaft für Weltraumtourismus. Es handelt sich hierbei um eine konglomerative (Diversifikations-)Strategie, also ein Geschäftsmodell, das eine große Anzahl an Geschäftstätigkeiten umfasst, welche nicht unbedingt klare Synergien untereinander aufweisen. Ziel des Unternehmensgründers ist,

Unternehmen durch die interne Zuwendung finanzieller Mittel und Kompetenzen zu Wachstum zu verhelfen. 2012 erwirtschaftete die Gruppe einen Umsatz von 15 Milliarden Euro und beschäftigte weltweit rund 50.000 Mitarbeiter.

Die Analyse mittels einer BCG-Matrix dieses Unternehmens ist sehr interessant, da sie verdeutlicht, wie einige SGE das Bestehen anderer SGE ermöglichen, obwohl es zwischen ihnen auf den ersten Blick keine besonderen Synergien gibt. Die vom Unternehmensgründer entwickelte Strategie besteht darin, eine große Anzahl Unternehmen durch Aufkäufe und Transfers von Kompetenzen florieren zu lassen. Um diese Strategie erfolgreich umzusetzen, sind beachtliche finanzielle Mittel nötig. Die bereits bestehenden Geschäftseinheiten müssen also die Finanzierung der neuen Geschäftseinheiten, denen ein gewisses Potenzial zugeschrieben wird, ermöglichen.

BCG-Matrix der Gruppe

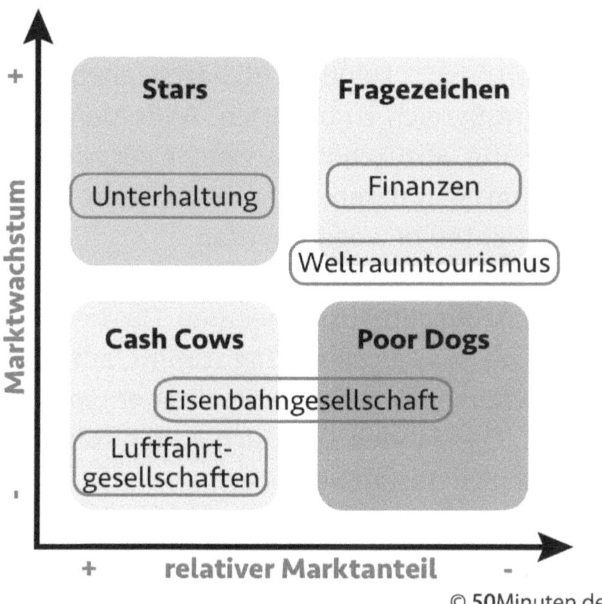

Zum besseren Verständnis des Models müssen vor dessen Erläuterung noch einige Punkte näher betrachtet werden.

- Um Lesern den Überblick zu erleichtern, wurden nicht alle Geschäftseinheiten der Gruppe in die Grafik miteinbezogen. Nur eine Auswahl wird in der Matrix dargestellt.

- Die niedrige Rate der Geschäftseinheiten im Quadranten der Poor Dogs erklärt sich dadurch, dass es für die Gruppe am günstigsten ist, keine Geschäftseinheiten in diesem Bereich zu behalten. Außerdem ist es schwierig, abzuschätzen, welche der aktuellen Geschäftseinheiten sich in Richtung dieses Quadranten bewegen werden.
- Wie bereits erwähnt, muss die BCG-Matrix regelmäßig aktualisiert werden. Das bedeutet, dass das, was an einem Tag stimmt, am nächsten schon nicht mehr der Realität entsprechen muss. Das Modell kann sich in den folgenden Jahren also rasant verändern.

Im Folgenden wird nun die Anwendung der BCG-Matrix für die Gruppe betrachtet:

- Zu den SGE, die sich schon beweisen konnten, gehören die Luftfahrtgesellschaften der Gruppe. Die erste dieser Gesellschaften wurde in den Achtzigerjahren gegründet. Seitdem floriert sie und hat sich weiterentwickelt: Sie erreicht heute einen gewissen Reifegrad. Sie ist das Zugpferd des Markenimages, denn gerade durch diese Gesellschaft konnte sich die Gruppe einen Ruf der Sicherheit und Zuverlässigkeit aufbauen, der sowohl für den Luftfahrtbereich als auch für ihre anderen Produkte gilt. Diese Art der Geschäftseinheit – ein hervorragendes Beispiel für eine Cash Cow – ermöglicht dem Unternehmen, umfangreiche finanzielle Mittel einzufahren, die in die Entwicklung der Luftfahrtgesellschaft sowie in neue SGE mit großem Potenzial investiert werden. Cash Cows bestehen jedoch nicht unendlich lang – zwar ist der Gruppe bei der Luftfahrtgesellschaft ein sehr guter Schachzug gelungen, bei der Eisenbahngesellschaft sieht der Fall jedoch anders aus. Nach der Privatisierung der Bahn in Großbritannien in den Neunzigerjahren beschließt das Unternehmen, sein gutes Ansehen im Luftfahrtsektor einzusetzen, um in großem Stil in den neuen Markt zu investieren. Wegen des starken Wettbewerbs muss kontinuierlich investiert werden, wodurch der Großteil des auf dem neuen Markt erwirtschafteten Profits nicht weiterverteilt werden kann. Dies erklärt, warum die Eisenbahngesellschaft allmählich in den Bereich der Poor Dogs abrutscht.

- Die Unterhaltungs- und Medienbereiche bilden zwei Geschäftseinheiten der Gruppe, die zu den Stars in der BCG-Matrix gehören.

- ◦ Die Telekommunikations- und Internet-branche sind ständig in Bewegung – ein Platz an der Spitze erweist sich hier als enorm lukrativ, bedeutet im Gegenzug aber auch kostspielige, umfangreiche Investitionen. Die Mediengesellschaft hat schon jetzt in diesem Bereich finanzielle Schwierigkeiten, ihre Position in den verschiedenen Ländern aufrechtzuerhalten. In Frankreich musste eins der Unternehmen der Gruppe 2013 – infolge der Musikbranchen-Krise wegen des (legalen, aber vor allem illegalen) Downloads von Musik aus dem Internet – bereits Konkurs anmelden.
  - ◦ In der Unterhaltungsbranche ist die Gruppe sehr aktiv. Dank der verschiedenen Einnahmen (vor allem die aus der Musikbranche) ist die Gruppe finanziell gut abgepolstert. Trotzdem gelten für Unternehmen im Unterhaltungsbereich ähnliche Probleme wie für Unternehmen im Medienbereich.
- Eine Gruppe, die wie diese auf Aufkauf und Entwicklung neuer SGE mit hohem Wachstumspotenzial basiert, hat zwangsläufig auch einige Fragezeichen in ihrem

Portfolio. Aufgrund des recht neuen Interesses der Gruppe am Finanzbereich sind die Zukunftsaussichten – gerade auch im Hinblick auf eine unsichere Wirtschaftslage – ungewiss. Außerdem übersehen Unternehmen, die in naher Zukunft Weltraumtourismus anbieten möchten, einen wichtigen Aspekt der Realität: die sinkende Kaufkraft. Zudem sind die Bemühungen des Unternehmens, auch aufgrund der Wirtschaftskrise, bereits einige Jahre im Rückstand.

- Im Bereich der Poor Dogs befinden sich zwar an sich keine Geschäftseinheiten, die Gruppe hat aber bereits einige SGE aufgegeben, die hier ihren Platz gefunden hätten. Ein Unternehmen, das auf das Potenzial neuer Geschäftseinheiten setzt, muss sich immer der Risiken jeder Investition bewusst sein.

Abschließend sollte hervorgehoben werden, dass die Gruppe ein gutes Gleichgewicht zwischen den Geschäftseinheiten gefunden hat. Sichere Wertbringer, die sich schon beweisen konnten, finanzieren die Entwicklung neuer Geschäftseinheiten, die wiederum die notwendigen Finanzmittel für neue Projekte bereitstellen –

vorausgesetzt die Prognosen bewahrheiten sich. Es ist jedoch nicht einfach, mit Sicherheit vorherzusagen, welchen Weg die Geschäftseinheiten mit hohem Potenzial gehen werden. Zudem besteht immer ein großes Risiko, wenn Mittel in diese Einheiten investiert werden. Die BCG-Matrix bildet eine klare Entscheidungsgrundlage für Investitionen in SGE, deren Ankäufe sowie Entwicklung.

ZUSAMMENGEFASST

- Die in den 1960er Jahren von der *Boston Consulting Group* entwickelte BCG-Matrix ist ein Analyse-Tool für das Tätigkeitsportfolio von Unternehmen, das noch heute von Managern sehr geschätzt wird.
- Mit der Matrix wird die relative Bedeutung der Geschäftseinheiten des Portfolios deutlich, was deren weitere Analyse ermöglicht.
- Sie setzt den relativen Marktanteil des Unternehmens auf der x-Achse und das Marktwachstum auf der y-Achse zueinander ins Verhältnis.
- Je nachdem, ob sich eine Geschäftseinheit im Bereich der Stars, Cash Cows, Fragezeichen oder Poor Dogs befindet, wird empfohlen, entsprechend zu investieren, Geschäftseinheiten zu erhalten oder sich von ihnen zu trennen.
- Einige Grundvoraussetzungen müssen erfüllt sein, damit die Matrix Gültigkeit hat. Dazu gehören die Innenfinanzierung und der Erfahrungskurveneffekt.
- Ungenauigkeit, Vereinfachung der Begriffe so-

wie die Subjektivität der Manager führen dazu, dass die Matrix manchmal unpräzise ist und an ihre Grenzen stößt.

- Das Instrument ergänzt die McKinsey- und die Parenting-Matrizen. Die alleinige Anwendung kann zwar auch interessant sein, ist aber nicht immer ausreichend.
- Die Matrix sollte kontinuierlich aktualisiert werden. Dies gilt besonders auf stark wachsenden Märkten.
- Mit ihrer Entwicklung können SGE im Laufe ihres Lebens verschiedene Wege einschlagen.
- Ein Beispiel, für das die BCG-Matrix gut funktioniert und anhand dessen die Finanzierung neuer SGE gezeigt werden kann, ist die konglomerative Diversifikationsstrategie einer Unternehmensgruppe.

Ihre Meinung ist uns wichtig!
Hinterlassen Sie doch einen Kommentar auf der
Seite unserer Online-Buchhandlung
und teilen Sie Ihre Favoriten in den sozialen
Netzwerken!

DARÜBER HINAUS

LITERATURVERZEICHNIS

- *beCompta* (comptabilité – fiscalité – création d'entreprise). Belgische Internetseite zu Finanz-, Buchhaltungs- und Unternehmensgründungsthemen (auf Französisch). http://www.becompta.be (30.04.2018).

- *Boston Consulting Group.* Internetauftritt der Unternehmensberatung (auch auf Deutsch). http://www.bcg.com/ (30.04.2018).

- Deppe, Alain: „Séquence 4. La démarche stratégique à l'international". *Marketing international.* Université de Picardie Jules Verne. http://foad.refer.org/IMG/pdf/Sequence_4-2.pdf (30.04.2018).

- Giboin, Bertrand: *La boîte à outils de la stratégie.* Dunod: Paris 2012.

- Johnson, Gerry et al.: *Strategisches Management. Eine Einführung.* 10., akt. Aufl. Pearson Studium: Hallbergmoos 2015.

- Lambin, Jean-Jacques; de Moerloose, Chantal: *Marketing stratégique et opérationnel. Du marketing à l'orientation de marché.* 7. Aufl. Dunod: Paris 2008.

- Lendrevie, Jacques; Lévy, Julien: *Mercator 2013. Théorie et nouvelles pratiques du marketing.* 10. Aufl. Dunod: Paris 2013.

- Marchesnay, Michel: *Management stratégique.* Eyrolles: Paris 1993. S. 5-6.

- *McKinsey.* Internetauftritt der Unternehmensberatung (auf Englisch). http://www.mckinsey.com/ (30.04.2018).

- *Portail du Marketing stratégique.* Internetseite zu Marketingthemen. http://www.marketing-strategique.com/ (30.04.2018).

- Saïas, Maurice; Métais, Emmanuel: „Stratégie d'entreprise. Évolution de la pensée". In: *Finance. Contrôle. Stratégie* 4(1) (März 2001). S. 183-213.

- *Virgin.* Internetauftritt der Unternehmensgruppe (auf Englisch). http://www.virgin.com/ (30.04.2018).

WEITERFÜHRENDE LITERATUR

- Armstrong, J. Scott; Brodie, Roderick J.: „Effects of Portfolio Planning Methods on Decision Making. Experimental Results". In: *International Journal of Research in Marketing* 11(1) (1994). S. 73-84.

- Bardon, Thibaut: „Quel est le rôle des cabinets de conseil en management dans la dynamique du savoir collectif managérial?

Une approche néo-institutionnelle". *XVIème conférence internationale de management stratégique (AIMS)*. Montréal 2007. http://basepub.dauphine.fr/bitstream/ handle/123456789/2970/bardon.pdf?sequence=2 (30.04.2018).

- Bea, Franz Xaver; Haas, Jürgen: *Strategisches Management*. 8. Aufl. UVK: München 2016.

- Fleisher, Craig S.; Bensoussan, Babette E.: *Strategic and Competitive Analysis. Methods and Techniques for Analyzing Business Competition*. Prentice Hall: Upper Saddle River 2003.

- Hambrick, Donald C.; MacMillan, Ian C.; Day, Diana L.: „Strategic Attributes and Performance in the BCG Matrix. A PIMS-Based Analysis of Industrial Product Businesses". In: *The Academy of Management Journal* 25(3) (Sep. 1982). S. 510-531.

- Paul, Herbert; Wollny, Volrad: *Instrumente des strategischen Managements. Grundlagen und Anwendung*. Oldenbourg Wissenschaftsverlag: München 2014.